Bildung und Vermittlung
Staatliche Kunstsammlungen Dresden

Zwei Engel und der Zauber des Orients

Ramona Nietzold
Illustrationen von Michael Kaden

Sandstein Verlag · Dresden

Schon sechsmal sind die Engel Angelus und Uriel dem Gemälde der Sixtinischen Madonna in der Gemäldegalerie der Alten Meister entstiegen und haben die verschiedenen Sammlungsbereiche der Staatlichen Kunstsammlungen Dresden auf eigene Faust erkundet und so manches Abenteuer bestanden oder Rätsel gelöst. Ziel ihres neuesten Ausflugs sind die Rüstkammer und die Türckische Cammer: Gemeinsam mit den jüngsten Museumsbesucherinnen und -besuchern machen sie sich auf den Weg, um die ungewöhnlichen Schätze zu entdecken und sich in die Zeit edler Ritter und sagenumwobener Sultane entführen zu lassen.

Das größte Objekt in der Türckischen Cammer ist ein zwanzig Meter langes osmanisches Dreimastzelt. Es ist durch und durch mit aufgenähten Verzierungen versehen und in zauberhaft schummriges Licht getaucht. Dieser besondere Ort lädt sehr zum Verweilen ein.

Im Riesensaal werden die Reitturniere des 15. und 16. Jahrhunderts wieder lebendig. Mehrere Holzpferde in Originalgröße sowie ihre mit Ritterrüstung und Lanze ausgestatteten Reiterfiguren lassen die Spannung spüren, die die Menschen vor Hunderten von Jahren wohl ergriff, wenn ein solches Turnier kurz bevorstand.

Die ästhetisch-kulturelle Bildung von Kindern und Jugendlichen ist der 1991 von der ehemaligen Dresdner Bank gegründeten Kulturstiftung Dresden der Dresdner Bank ein besonderes Anliegen. Seit mittlerweile zehn Jahren arbeiten die Stiftung und die Staatlichen Kunstsammlungen Dresden auf diesem Gebiet zusammen. Die Museumsführer für Kinder sind ein Beispiel für die erfolgreiche Partnerschaft, bei der es darum geht, bereits die ganz Kleinen an kulturelle Themen heran- und diese in ihre Lebens- und Erfahrungswelt einzuführen. Wir hoffen, dass sich die jungen Leserinnen und Leser auch dieses Mal von der Begeisterung der abenteuerlustigen Engel Angelus und Uriel anstecken lassen und bei ihren Streifzügen durch die Türckische Cammer und die Rüstkammer nicht nur historisches Wissen sammeln, sondern auch Inspiration für viele fantasievolle Abenteuergeschichten, in denen sie selbst die Hauptrolle der Prinzessin aus dem Morgenland oder des mutigen Drachenkämpfers übernehmen.

Der Vorstand der Kulturstiftung Dresden der Dresdner Bank

KULTURSTIFTUNG DRESDEN
der Dresdner Bank

Die aus dem Besitz sächsischer Herzöge und Kurfürsten hervorgegangene Dresdner Rüstkammer zählt zu den kostbarsten Prunkwaffen- und Kostümsammlungen der Welt. Sie vereint Meisterwerke von Waffenschmieden, Künstlern und Kunsthandwerkern aus ganz Europa und dem Orient und umfasst etwa 10 000 Prunkwaffen – Harnische, Helme, Schilde, Säbel und Schwerter, Degen und Dolche, Pistolen und Gewehre – sowie Reitzeuge und Prunkkleider, Kunstkammerstücke und Bildnisse vorwiegend des 16. bis 18. Jahrhunderts aus dem Besitz der wettinischen Kurfürsten. Die Türckische Cammer zählt zu den ältesten und weltweit bedeutendsten Sammlungen osmanischer Kunst außerhalb der Türkei. Dank ihres Geschmacks, ihrer Sammelleidenschaft und ihres Strebens nach fürstlicher Machtdarstellung trugen die sächsischen Kurfürsten vom 16. bis zum 19. Jahrhundert legendäre Schätze der sogenannten Türkenmode zusammen. Die Dauerausstellung präsentiert rund 600 orientalische und orientalisierende Objekte und ist damit die umfangreichste und größte Sammlung ihrer Art in Deutschland. Über mehrere Jahrhunderte wurde die Sammlung durch diplomatische Geschenke, Ankäufe und Beutestücke unterschiedlicher Schlachten gegen die Osmanen zusammengetragen. Sie bringt aber auch das zunehmende Interesse der sächsischen Herrscher an einem kulturellen Verständnis der anderen Lebensart und an der Kunst des Orients zum Ausdruck.

Angelus kann es wie immer kaum erwarten, den lauten Gong zu hören, der die Besucher der Gemäldegalerie Alte Meister darauf aufmerksam macht, dass das Museum jeden Augenblick schließt. Ungeduldig zuckt und zappelt er nervös im Gemälde der Sixtinischen Madonna hin und her.
Uriel ermahnt ihn und flüstert kaum hörbar: »Hör auf zu wackeln und sitz still! Niemand soll unser kleines Geheimnis herausfinden.« Angelus entgegnet ihm ganz aufgeregt: »Ich bin so ungeduldig. Was wird uns wohl diese Nacht für ein Abenteuer bringen?«
Kaum hat er es ausgesprochen, ist der Gong auch schon zu hören, die Besucher verlassen das Museum und die Aufsichten machen Feierabend. Nun haben die beiden Engel die Galerie wieder ganz für sich allein.

Auf ihren vielen nächtlichen Ausflügen haben sie schon so einige Abenteuer erlebt. Angelus und Uriel erinnern sich zum Beispiel an ihren Ausflug in das Grüne Gewölbe und an das Geheimnis des weißen Goldes in der Porzellansammlung. Sie lassen ihren Gedanken freien Lauf und flattern ohne ein richtiges Ziel durch die Säle der Gemäldegalerie. Plötzlich stoppt Angelus. Uriel dreht sich erschrocken um und schafft es gerade noch rechtzeitig zu bremsen, bevor er mit Schwung in ein Gemälde gestürzt wäre. »Uriel, weißt du, was ich mich gerade frage?« Uriel etwas zittrig vor Schreck: »Wa-a-as denn?« Angelus starrt neugierig aus dem Fenster und hat gar nicht bemerkt, welches schlimme Missgeschick Uriel fast passiert wäre. Uriel fragt nun noch einmal mit so starker Stimme, dass es durch die gesamte Gemäldegalerie hallt: »Was denn? Was fragst du dich?« – »Ich frage mich, wohin die vielen Leute wollen, die eilig durch den Zwingerhof laufen? Und schau mal, sie haben auch alle so merkwürdige Kleidung an.«

»Oh! Du hast recht, Angelus. Es ist ungewöhnlich. Um diese Uhrzeit ist doch hier sonst gar nichts los.« – »Schau mal, sie gehen alle in die gleiche Richtung. Wo sie nur hin wollen?« – »Vielleicht wollen sie auf einen Kostümball.« »Los komm!«, ruft Angelus, »lass uns aus dem Fenster fliegen und jemanden fragen, wo alle hingehen!« Uriel hält das für keine gute Idee. Er ist viel zu schüchtern, um einfach fremde Menschen anzusprechen. Doch Angelus lässt sich nicht abhalten. »Dann warte hier. Ich flieg schnell allein. Ich bin einfach zu neugierig. Ich muss wissen, was hier los ist. Du kannst mich ja aus dem Fenster beobachten.«

Das erste Pärchen, dem Angelus im Zwinger begegnet, spricht er auch gleich an. »Entschuldigung, ich möchte Sie gar nicht lange aufhalten, aber würden Sie mir verraten, wo Sie in Ihren wunderbaren Gewändern hingehen? Findet etwa in der Nähe ein Kostümball statt?« Der Mann mit dem langen Mantel und der großen Haube antwortet mit einem freundlichen Lächeln: »Wir wollen alle ins Residenzschloss. Dort veranstaltet der Kurfürst ein türkisches Fest. Es wird sogar gemunkelt, dass der berühmte Sultan Süleyman zu Gast sein soll. Es wird bestimmt ein rauschendes orientalisches Fest. Komm doch einfach mit.« Angelus bedankt sich sehr herzlich für die Einladung und fliegt schnell zurück, um Uriel abzuholen.

»Uriel, Uriel! Der Kurfürst veranstaltet im Schloss ein türkisches Fest. Deshalb tragen seine Gäste auch alle türkische Tracht. Komm! Wir feiern mit!«

»Was? Wir? Aber wir sind doch gar nicht eingeladen«, gibt Uriel zu bedenken.

»Wir mischen uns einfach unter die anderen Gäste, dann fällt es doch gar nicht auf, dass wir keine Einladungskarte haben. Los! Keine Widerrede.«

Uriel merkt, dass Angelus sehr entschlossen ist und gibt seinem Vorschlag widerwillig nach. Beide Engel machen sich auf den Weg ins nahegelegene Residenzschloss.

»Im Residenzschloss waren wir doch schon«, meint Uriel.

»Ja«, stimmt Angelus ihm zu.

»Da waren wir im Grünen Gewölbe.«

»Aber schau mal, es gibt noch mehr Museen im Schloss. Das Kupferstich-Kabinett, die Türckische Cammer und nun auch die Rüstkammer.« Angelus und Uriel fliegen durch das ganze Schloss. Irgendwo muss es doch sein – das türkische Fest.

Angelus und Uriel kommen aus dem Staunen nicht mehr raus. Sie stehen vor einer wunderschönen und prächtigen Treppe. »Uriel, hier lang! Auf dieser Treppe liegt ein roter Teppich. Es sieht wie ein standesgemäßer Aufstieg zu einem Saal für ein höfisches Fest aus. Wir folgen einfach dem Weg des Teppichs. Dann finden wir auch das Fest.«

Am Ende der imponierenden Treppe hören die Engel Geräusche hinter einer großen braunen Holztür, neben der das Wort »Riesensaal« steht. »Riesensaal?«, Angelus ist sehr neugierig und öffnet in großer Eile die Tür. »Ohhhh! Ist dieser Saal riesig!« Angelus bekommt vor Erstaunen den Mund gar nicht mehr zu. Uriel antwortet: »Na was hast du denn gedacht, warum dieser Saal ausgerechnet ›Riesensaal‹ heißt? Bestimmt, weil er so groß ist.«

Plötzlich hören die beiden Engel eine kräftige männliche Stimme: »Wer erzählt denn hier so einen Quatsch? Der Riesensaal ist doch nicht nach seiner Größe benannt. So einen Blödsinn habe ich schon lange nicht mehr gehört!« Angelus und Uriel erstarren vor Schreck, denn sie können niemanden entdecken. »Hallo? Wer ist da?«, fragt Angelus mit zittriger Stimme. Uriel versteckt sich ängstlich hinter ihm.

»Ich bin hier drüben. Kommt her. Ihr müsst mir helfen. Ich stecke fest in dem Harnisch auf dem schwarzen Pferd«, sagt der Unbekannte. Der Blick der Engel fällt auf die beiden prächtigen Reiterfiguren mit den riesigen Lanzen. Vorsichtig treten sie näher. Plötzlich bewegt sich der schwarze Reiter und aus dem Harnisch ertönt eine dumpfe Stimme. »Zwei Engel. Euch schickt der Himmel! Helft mir vom Pferd. Zuerst müsst ihr die großen Schrauben am Schild lösen und mir den Rennhut abnehmen, dann bin ich schon nicht mehr so schwer.«

Mühsam lösen Angelus und Uriel die schweren Schrauben, mit denen der dicke Holzschild am Helm und am Harnisch angeschraubt ist. Endlich haben Angelus und Uriel die vielen Haken und Schnallen gefunden, mit denen die schweren Rüstungsteile verbunden sind,

und ihm schwer schnaufend alles abgenommen.

»Vielen Dank für eure Hilfe! Ich wollte nur ein bisschen mit der Rüstung spielen, ich erinnere mich so gern an die Turniere am Hof. Aber dann bin ich nicht mehr herausgekommen und hätte beinahe mein eigenes Fest verpasst. Ich bin Kurfürst August.« Den beiden Engeln kommt der Name natürlich bekannt vor. »Ahhh ... Ihr seid August der Starke. Ihr seht aber ganz anders aus als auf dem Bild in der Gemäldegalerie. Komisch.« Kurfürst August rollt mit den Augen. »Nein, ich bin nicht August der Starke. Das geht mir schon lange auf die Nerven. Alle verwechseln mich mit ihm. Dabei bin ich sein Ur-Ur-Uropa! Ich regierte von 1553 bis 1586. Sachsen war damals ein reiches Land. Deshalb konnten wir auch prächtige Feste feiern. Der Höhepunkt waren immer die Turniere, bei denen auch das Volk zuschaute. Wir Fürsten stellten dabei unseren Mut und unsere Kraft unter Beweis. Hier seht ihr meine Lieblingsturnierart, das Rennen. Es heißt so, weil man versucht hat, den Gegner mit einer Lanze aus dem Sattel zu rennen oder anders gesagt, ihn vom Pferd zu stoßen. Damit man sich dabei nicht verletzt, ist der Harnisch extrem dick und besonders schwer. Das habt ihr ja vorhin selbst gemerkt. Ich war ein tüchtiger Renner, habe 55 Turniere bestritten.«
Angelus schaut sich die Rennergruppe noch einmal in Ruhe an und ist sehr beeindruckt: »Ihr müsst wirklich sehr mutig und tapfer sein, wenn Ihr Euch traut, gegen einen Gegner mit so einer gewaltigen Stachellanze anzutreten!«

Auch Uriel ist sehr beeindruckt. Sie stehen einem echten furchtlosen sächsischen Herrscher gegenüber. Zunächst sind sie etwas verhalten, doch dann können sie ihre vielen Fragen nicht mehr zurückhalten.

»Konntet Ihr in der Rüstung überhaupt etwas sehen?«, wundert sich Angelus. »Und wie konntet Ihr bloß diese riesige Lanze halten?«, fragt Uriel. »Und überhaupt … Warum wird dieser Saal denn nun ausgerechnet ›Riesensaal‹ genannt?« Angelus und Uriel schauen sich an und zucken unwissend die Schultern.

»Einen Moment mal«, unterbricht sie Kurfürst August etwas streng, »ich bin gewillt, eure Fragen zu beantworten. Doch verratet mir doch erst mal, wer ihr überhaupt seid und woher ihr kommt!«

Angelus und Uriel sind es gar nicht gewohnt, dass sie nicht als die beiden Engel aus dem Gemälde der Sixtinischen Madonna erkannt werden. Sie erklären dem Kurfürsten, dass sie ebenfalls sehr berühmt sind und fast alle Menschen auf der Welt sie kennen und lieben. Er kann sie ja gar nicht kennen, weil es zu seiner Zeit die Gemäldegalerie noch nicht gegeben hat und die Sixtinische Madonna erst viel später nach Dresden kam.

»Ich weiß nicht, ob es in eurer Galerie ebenfalls so prächtige Säle gibt wie diesen«, so beginnt der Herrscher seine Erklärungen, »aber die Halle hier hat ihren Namen von der damaligen Wandbemalung. Die Wände zwischen den Fenstern waren mit überlebensgroßen Kriegern bemalt. Mit richtigen Riesen eben. Daher kommt auch der Name ›Riesensaal‹. Der Riesensaal gab den prächtigen höfischen Festen den würdigen Rahmen.«

Plötzlich erinnern sich Angelus und Uriel daran, dass sie eigentlich auch auf dem Weg zu einem Fest waren. »Solltet Ihr nicht auch schon auf dem türkischen Fest sein, Kurfürst August? Wir sind euren Gästen bereits im Zwingerhof begegnet.« Kurfürst August schaut erschrocken auf die Uhr, bemerkt dann aber gelassen, dass noch ein wenig Zeit ist. »Wenn das so ist«, meint Angelus, »könntet Ihr uns dann vielleicht noch mehr von der Rüstkammer zeigen? Ihr kennt Euch doch schließlich so gut aus.«

Kurfürst August lässt sich nicht lange bitten und fängt an zu erzählen. »Wenn ihr aus dem Fenster schaut, seht ihr den schönen großen Schlosshof. Dort fanden die Turniere statt, aber auch auf dem Altmarkt. Hier im Riesensaal feierten und tanzten wir dann nach dem Turnier. Schöne Damen verteilten kostbare Preise an die Sieger. Wir nannten sie Dänke.«
Der Kurfürst kommt ins Schwärmen und die beiden Engel lauschen gespannt seinen Worten. »Kommt mit. Ich erzähle euch, was ihr über die verschiedenen Disziplinen im Turnier noch wissen müsst.«

Bei der nächsten Turniergruppe angekommen, fällt Uriel sofort das Pferd auf, das aufgeschreckt und etwas nervös wirkt. Kurfürst August erklärt, dass für das Turnier speziell ausgebildete Turnierpferde eingesetzt wurden.

»Auch wenn die Pferde sehr geübt waren, war es trotzdem sehr anstrengend für sie.« – »Aber wovor erschrickt es sich denn so?«, will Uriel wissen.

»Hier können wir das Paillenstechen beobachten. Es heißt so, weil die gegeneinander antretenden Ritter an einer Holzwand – einer Pailla – entlangreiten.«

»Aber wie können sie sich dann noch vom Pferd stoßen? Die Pailla ist doch dazwischen?« – »Ihr seid sehr aufmerksam. Dieses Turnier hatte ein anderes Ziel. Hier sollten sich die Gegner mit der Lanze am Kopf oder an der Brust treffen. Die Treffer wurden dann von den Schiedsrichtern gezählt.«

»Ach du meine Güte. Das klingt aber auch wieder sehr gefährlich«, räumt Uriel ein. »Da hast du recht«, stimmt Kurfürst August ihm zu.

»Das ganze Spektakel war nicht ungefährlich. Aber damit sich die Ritter nicht gegenseitig verletzen, gab es hier in Sachsen eine besondere Erfindung.

Schaut euch mal den Harnisch von hinten an. Der Kopf des Ritters wird mit einem Bügel, der mit dem Helm und dem Harnisch am Rücken verschraubt ist, zusätzlich gesichert.

Nichts kann verwackeln.

Alles ist geschützt.«

»Trotzdem geht es bei diesem Turnier unfair zu. Der eine Ritter muss mit einer kaputten Lanze ins Turnier gehen. Das ist gemein!«, bemerkt Angelus etwas erzürnt. Kurfürst August muss sein Lachen unterdrücken, bevor er Angelus antwortet: »Nein! Mach dir keine Sorgen! Dieser Ritter hat seinen Gegner so stark getroffen, dass dabei sogar seine Lanze zerbrochen ist.
Er bekommt dafür mehr Punkte von den Schiedsrichtern. Bei einem Turnier sind alle Ritter gleich ausgestattet. Es wird vorher sogar überprüft,
dass niemand einen Vorteil hat. Es war ein sehr faires Spiel.
Alle hatten die gleichen Voraussetzungen.«
Angelus ist wieder beruhigt.

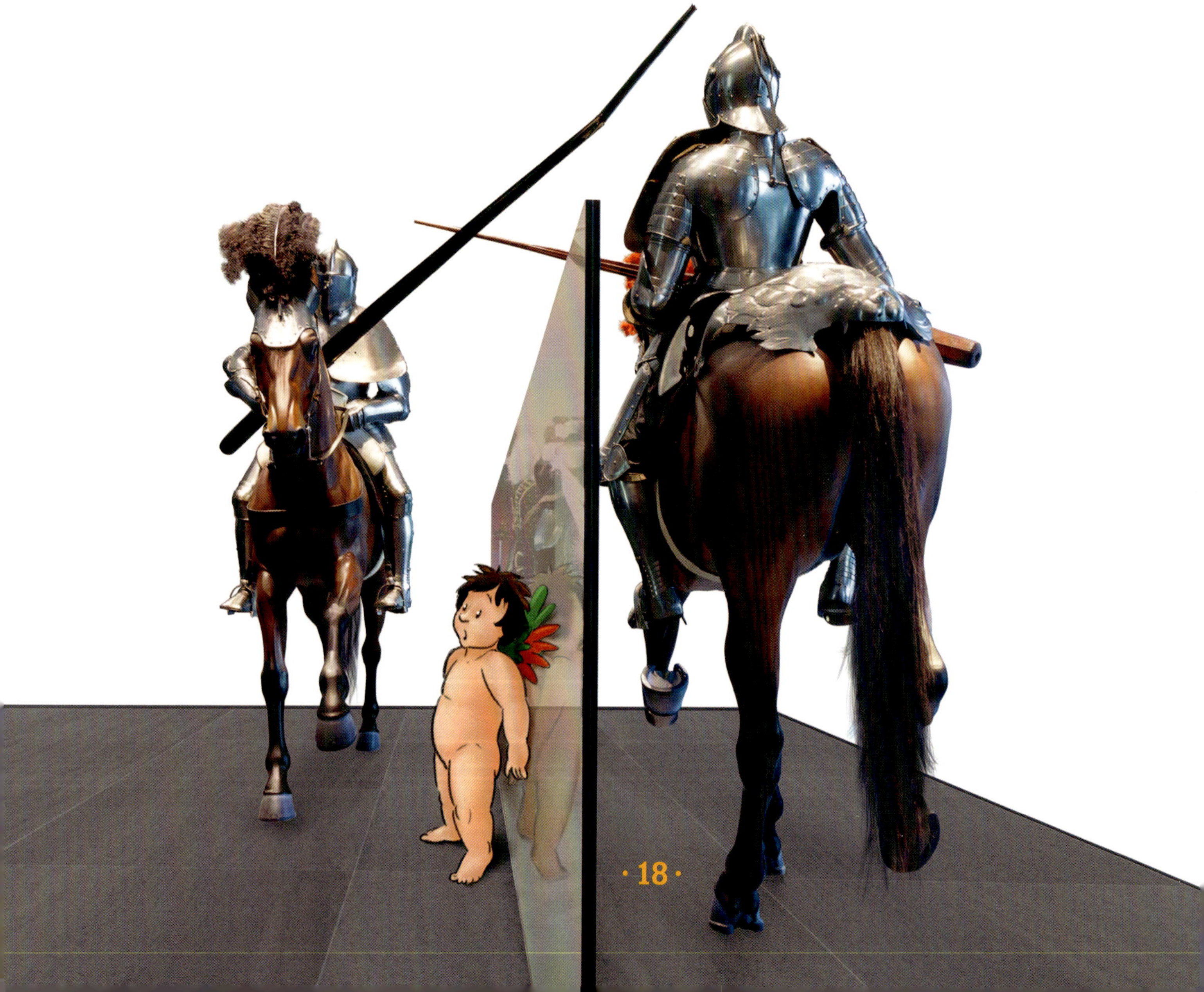

»Das kann man auch sehr gut hier drüben entdecken. Die Ritter hier haben genau die gleichen Schwerter.« Angelus folgt Uriel. »Das sind bestimmt keine Ritter. Die treten doch ohne Pferd gegeneinander an«, bemerkt Angelus.
»Natürlich sind das Ritter. Diese Form von Turnier nennt man Fußturnier. Hier treten die Gegner mit Schwertern und Spießen gegeneinander an. Auch hier werden wieder die Trefferpunkte an Helm und Brust des Gegners gezählt.«
Angelus inspiziert ganz genau die Schwerter. »So langsam verstehe ich. Damit sich die Ritter auch beim Fußturnier nicht verletzen können, sind die Schwerter stumpf und haben keine gefährliche Spitze, sondern sind abgerundet.«
Kurfürst August nickt zustimmend und beobachtet, wie Angelus, der sich ein Schwert eines Ritters geborgt hat, den Schwertkampf probiert.
Nach ein paar Schlägen hat er Schweißperlen auf der Stirn und erklärt ächzend, wie schwer auch diese Turnierform ist.
Die Ritter müssen sehr sportlich gewesen sein, denn er würde niemals fünf Durchgänge mit dem Schwert und dann auch noch weitere drei Durchgänge mit dem Spieß durchhalten. Anerkennend klopft er jedem Ritter auf die Schulter.

»Uriel, wir müssen wieder mal Sport treiben. Wir bewegen uns viel zu wenig, wenn wir die Sixtinische Madonna bewundern.« Angelus lässt motiviert die Arme kreisen und macht ein paar Kniebeugen. »Wir sind schon richtig eingerostet. Uriel, was hältst du davon, wenn wir jeden Morgen vor der Öffnung der Gemäldegalerie Alte Meister Frühsport im Zwingerhof machen? Uriel? Uriel? Uriel, jetzt antworte!«

»Such mich doch!«, kichert Uriel. Angelus flattert sofort ganz aufgeregt hin und her. Kurfürst August ermahnt ihn: »Vorsicht! Der Riesensaal ist kein Spielplatz. Die Sachen der Rüstkammer, die hier ausgestellt sind, sind sehr alt und von unschätzbarem Wert.« Uriel lugt mit unschuldigem Blick aus einem Harnisch, den er anprobiert hat. Angelus kommt mit hängenden Schultern dazu.

»Ja, ist ja schon gut«, beschwichtigt sie der Kurfürst. »Ich wollte euch nur daran erinnern, dass ihr in einem Museum seid. Ihr wisst ja, dass es in einer Ausstellung Regeln gibt, wie man sich zu benehmen hat.«

Angelus und Uriel nicken gleichzeitig.

»Auch die Kinder der Kurfürsten und Herrscher mussten schon sehr jung die Regeln und Tugenden erlernen, an die sich ein Ritter zu halten hat.«

»Also ist das tatsächlich ein Kinderharnisch, den ich anhabe? Ich habe mich schon gewundert, warum er so klein ist.«

Auch Angelus kann der Versuchung nicht widerstehen und probiert einen Kinderharnisch an. Trotzdem wundert er sich: »Mussten denn die Kinder früher in einer richtigen Schlacht kämpfen?« – »Nein«, beruhigt ihn Kurfürst August. »Aber warum haben sie dann Rüstungen getragen?«, fragt Uriel. »Die Harnische, die ihr gerade anhabt, waren Geschenke eines Kurfürsten an seine drei Kinder. So konnte ein Kurfürst jedem zeigen, wie reich und mächtig er ist, wenn sogar schon seine Kinder solch prunkvolle Rüstungen tragen. Die waren nämlich sehr teuer.«

»Dieser war bestimmt besonders teuer«, meint Angelus und zeigt auf einen goldenen Harnisch. »Oh ja! Sehr teuer sogar. Diese Rüstung hat sich mein Enkel gekauft. Er hat dafür ein Vermögen bezahlt. Und ich muss zugeben, er hatte wirklich Geschmack. Es ist der kostbarste Harnisch für Mann und Pferd, den die Rüstkammer heute hat.«

Angelus und Uriel wissen gar nicht, was sie sich zuerst an der Rüstung anschauen sollen. Sie ist so reich verziert, dass sie von der Schönheit regelrecht geblendet sind.
»Für welchen wichtigen Anlass hat sich Euer Enkel so einen kostbaren Harnisch anfertigen lassen?«
»Nein, nein. Ihr habt etwas missverstanden. Mein Enkel hat den Harnisch zwar gekauft, aber er war ursprünglich nicht für ihn gemacht, sondern für einen König.«

Den beiden Engeln steht vor Erstaunen der Mund offen. »Für einen König?«, versichert sich Angelus. »Für Erik XIV., einen König von Schweden.« – »Wow!« Uriel fehlen die Worte. »Es wird sogar gemunkelt, dass der König in diesem kostbaren Harnisch der englischen Königin einen Heiratsantrag machen wollte. Doch leider ist es nie dazu gekommen«, berichtet der Kurfürst und will gerade weitergehen. »Stopp! Stopp!«, hält ihn Angelus auf, »Ihr könnt uns doch nicht so stehen lassen. Wie ging die Geschichte weiter?« – »Der Goldschmied, der den Ross- und Mannesharnisch im Auftrag des Königs angefertigt hat, arbeitete mit weiteren Künstlern zwei Jahre daran und investierte viel Geld. Als er endlich fertig war, machte er sich mit den Harnischen per Schiff auf den Weg zum König. Doch leider wurde das Schiff von dänischen Soldaten überfallen und dieser Schatz als Beute mitgenommen, sodass Erik XIV. seine Harnische noch nicht mal gesehen hat.«

Angelus und Uriel lauschen gespannt, als plötzlich ein Glockenläuten die Geschichte beendet. »Nun wird es aber Zeit«, bemerkt Kurfürst August, »das türkische Fest beginnt gleich. Mein Ur-Ur-Urenkel Friedrich August I. von Sachsen hat zwar alles organisiert, denn er kennt sich mit türkischen Festen hier am Hofe besonders gut aus, trotzdem will ich unter keinen Umständen zu spät kommen! Los, los, los!«

Die Engel flattern aufgeschreckt los und folgen dem davoneilenden August aus dem Riesensaal. Sie können gerade noch erkennen, wie Kurfürst August direkt hinter der schweren Holztür rechts abbiegt. Im gleichen Moment fragt Angelus: »Friedrich August I. von Sachsen? Irgendwie kommt mir der Name bekannt vor.«

»Das ist ja auch kein Wunder«, erwidert ihm Uriel, »das ist der richtige Name von August dem Starken. Er wird wohl auch bei dem Fest sein. Jetzt können wir ihn endlich treffen.«

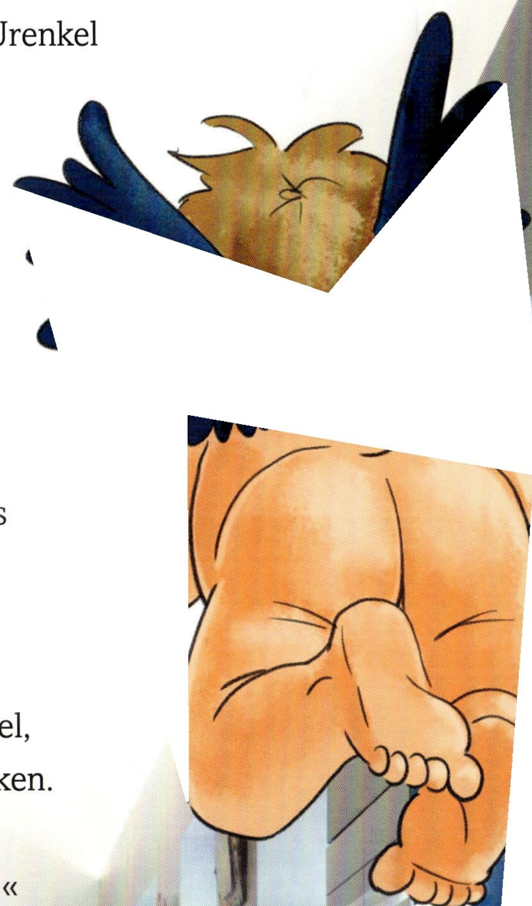

Angelus und Uriel halten vor der Eingangstür zur Türckischen Cammer auf der Englischen Treppe noch einmal an und verschnaufen. Sie drücken ihre Nasen an die gläserne Eingangstür.

»Angelus? Wollen wir dort wirklich rein? Es ist so dunkel da drin.« – »Na klar. Ich will nun endlich August den Starken treffen. Vielleicht finden wir auch gleich einen Lichtschalter«, versucht Angelus ihn zu beruhigen und öffnet die Tür.

Aber als sie in dem großen Saal der Türckischen Cammer stehen, ist keiner der beiden Engel mehr ängstlich.
»Oh, wie beeindruckend!«, staunen sie. Sie sind so fasziniert, dass sie fast vergessen, wem sie eigentlich begegnen wollten.
Plötzlich aber hören sie aus dem anliegenden Saal ein aufgeregtes Getuschel und Gewimmel.
Sie besinnen sich wieder und flattern weiter.

Im nächsten Raum angekommen, verstecken sie sich gleich hinter einem Pferd mit einem sehr kostbaren Prunkreitzeug. Sie hören wieder die bekannte Stimme von Kurfürst August: »Friedrich August, ist alles nach meinen Wünschen vorbereitet worden?« – »Gewiss, ich weiß ganz genau, wie türkische Feste gefeiert werden. Ich habe alles mit meinen kostbaren orientalischen Schätzen ausgestattet. Wir warten nur noch auf unseren Ehrengast.«

»Pssst! Ruhe jetzt!«, befiehlt Kurfürst August einer Musikergruppe in orientalischen Gewändern, »Sultan Süleyman könnte jeden Augenblick eintreffen.« Kaum hat der Kurfürst von Sachsen dies ausgesprochen, hämmert es auch schon laut und kräftig an der Tür. Die beiden Engel fahren vor Schreck hoch und das aufgeregte Quieken von Uriel hätte beinahe das Versteck der beiden verraten.

Aber Kurfürst August und August der Starke bemerken nichts mehr um sich herum. Sie sind einfach zu angespannt. Schon sehr lange haben sie sich auf das Treffen mit Sultan Süleyman gefreut und sind so stolz, dass ihnen dieser mächtige Mann die Ehre erweist und die lange Reise für den Besuch in der Türckischen Cammer auf sich genommen hat. August der Starke versucht seine Nervosität abzulegen, geht entschlossen zur Tür und öffnet sie. Sogleich beginnt die Kapelle, orientalische Melodien zu spielen. Die Musiker sind Janitscharen.

Janitscharen bildeten damals die Elitetruppe eines Sultans und stellten seine Leibwache. Sie waren seine besten und mutigsten Krieger.

August der Starke hat sie nun extra zusammenstellen lassen, damit sich der Sultan in Dresden besonders willkommen fühlt.

Angelus und Uriel sind gespannt, wen August der Starke erwartet. Wenn der Herrscher selbst schon so aufgeregt ist, dann muss es wirklich ein besonderer Gast sein.

Als die Gäste die Türckische Cammer betreten, erstarren die Engel vor Ehrfurcht. August der Starke geht zu seinen Gästen, vorbei an den Dienern und den Haremsdamen direkt zum Sultan. »Sultan Süleyman, es ist mir eine besondere Freude, Euch die Türckische Cammer vorzustellen, denn es ist eine kurfürstlich sächsische Sammlung orientalischer Kunst. Hier findet Ihr viele Objekte, die meine Vorfahren und ich seit dem 16. Jahrhundert gesammelt haben. Meinen Ur-Ur-Uropa, den sächsischen Kurfürsten August, kennt Ihr bestimmt, denn er regierte hier in Sachsen zur gleichen Zeit, als Ihr im Osmanischen Reich an der Macht wart.«

»Lieber Kurfürst von Sachsen und König von Polen, ich danke Euch für die Einladung und die herzliche Begrüßung. Ihr habt sogar an Handpferde gedacht«, erwidert der Sultan begeistert den Willkommensgruß.

Nun hält es Angelus nicht mehr in seinem Versteck aus. »Entschuldigung, wenn ich störe. Aber was sind denn Handpferde? Kleine Spielzeugpferde oder was?« August der Starke und Sultan Süleyman schauen erst entgeistert die beiden Engel an, dann sehen sie sich gegenseitig an und prusten vor lauter Lachen los. Uriel traut sich nun auch zu der Gruppe: »Hm. Spielzeugpferde sind es offensichtlich nicht, Angelus.« – »Nein, das nun wirklich nicht«, antwortet ihm der Sultan noch mit einem breiten Lächeln im Gesicht. »Handpferde heißen so, weil auf ihnen kein Reiter gesessen hat, sondern die Pferde an der Hand an Leinen geführt wurden, die vom Maul herunterhingen. Ich habe sie besonders gern bei Paraden und Umzügen präsentiert. Natürlich nicht einfach nur so, sondern die Araberhengste waren mit prachtvollen und sehr kostbaren Prunkreitzeugen ausgestattet. Solche, wie ihr sie hier bewundern könnt.« »Hä?«, fragt sich Uriel und sieht dabei ganz nachdenklich aus, »warum liegt denn auf den Pferden ein Reitzeug, wenn sowieso keiner darauf geritten ist? Das macht doch gar keinen Sinn!« Der Sultan schmunzelt. »Das ist ganz einfach. Schaut euch doch die edlen Reitzeuge an. Der Sitz der Sättel ist mit Leder bezogen und sogar mit Seidensamt bedeckt. Auf den Verzierungen findet ihr auch Silberstickerei, sodass das Reitzeug für jedermann sehr prunkvoll aussieht. Damit konnte ich zeigen, wie reich und mächtig ich bin, wenn meine Araberhengste solche Schätze tragen.«

»Dem kann ich nur zustimmen«, mischt sich August der Starke ein, »ich selbst habe mir diese Prunkreitzeuge mit den osmanischen Bocksätteln und den kostbaren Schabracken auch in Dresden gewünscht. Deshalb habe ich einen Gesandten nach Istanbul geschickt, der mir die vielen Kostbarkeiten eingekauft und mit nach Dresden gebracht hat.«

»Und was habt Ihr dann hier damit gemacht?«, fragt Uriel neugierig.

»Ich kann von mir behaupten, dass ich der Herrscher in Sachsen war, der am meisten vom Osmanischen Reich und seinen Sitten und Gebräuchen fasziniert und beeindruckt gewesen ist. Wir haben viele türkische Feste ausgerichtet, zu denen ich mich sehr gern als Sultan verkleidete und mich als solchen auch feiern ließ. Besonders die Hochzeitsfeierlichkeiten meines Sohnes August III. lagen mir sehr am Herzen. Als er mit seiner Ehefrau Maria Josepha 1719 hier in Dresden ankam, haben wir das Begrüßungsfest mit Objekten aus dieser Sammlung zu einem rundum gelungenen türkischen Fest werden lassen. Zum Beispiel habe ich für den Empfang der beiden neun prächtige osmanische Zelte am Elbufer aufstellen lassen. Sie waren mit ihren vielfarbigen aufgenähten Verzierungen in Form von Säulen, Vasen, Ranken und Blüten ein prunkvoller Blickfang, als die Hochzeitsgesellschaft mit dem Schiff anlegte.«

Die Janitscharenkapelle fängt an, orientalische Musik zu spielen. Da erinnert sich August der Starke an ein weiteres türkisches Fest, das er in der Nähe von Dresden 1730 veranstaltet hat. Dabei zeigt er auf ein sehr großes Gemälde an der Wand, welches genau dieses Fest, das Zeithainer Lager, zeigt. »27 000 Soldaten nahmen damals an dem Fest teil. Mit ihnen konnte ich vielen europäischen Königen und Fürsten zeigen, wie stark Sachsen ist.«

»Schaut mal, da ist ein Mann auf dem Gemälde zu sehen, der trägt ein ähnliches Gewand wie die Gäste heute hier«, bemerkt Uriel. »Stimmt. Das ist ein Janitschar. Ich hatte für das Zeithainer Lager auch über 600 Janitscharen zusammenstellen lassen. Und damit sie auch orientalisch aussahen, habe ich ihre Kleidung höchstpersönlich entworfen«, gibt August der Starke mit Stolz zu.

August der Starke widmet sich wieder ganz dem Ehrengast, der von den anderen Festgästen umringt wird. Kurfürst August und August der Starke führen Sultan Süleyman in einen kleineren Saal der Türckischen Cammer. Alle Gäste schließen sich wie ein Gefolge an. Beim Betreten des Saales geht ein staunendes Raunen durch die Gruppe und auch Angelus und Uriel können ihre Begeisterung nicht zurückhalten. So viele prunkvolle Säbel, Dolche, Bögen, Köcher sind in den Vitrinen zu finden. Es sieht aus wie in einer richtigen Schatzkammer und es glitzert und funkelt, wo man nur hinschaut.

Sultan Süleyman bleibt plötzlich vor einer Vitrine stehen und macht ein sehr beeindrucktes Gesicht. »Oh!« – »Ah!« – »Wunderschön!«, staunen auch die Gäste. Angelus und Uriel sind zu neugierig und können es nicht abwarten, bis sie an der Reihe sind. Sie flattern über die Köpfe der anderen Gäste hinweg, um besser sehen zu können. Vor der Vitrine angekommen, kneifen beide immer wieder die Augen zusammen und müssen blinzeln, während sie Kurfürst August zuhören.
»Sultan, ich bin sehr erfreut, Ihnen eine sehr kostbare Prunkwaffengarnitur zu präsentieren. Mein Enkel Christian II. hat sie bei dem hervorragenden Goldschmied Johann Michael in Prag in Auftrag gegeben.« – »Angelus, die Edelsteine auf dem Säbel und dem Pallasch funkeln so sehr, dass es mich blendet. Dich auch? Angelus? Angelus?«

Plötzlich pfeift es ganz laut, alle drehen sich erschrocken um und sehen Angelus verlegen und mit hochrotem Kopf und einem Bogen in der Hand mitten im Saal stehen. »Entschuldigung, ich wusste nicht, dass es solche Geräusche macht, wenn ich den Pfeil abschieße. Ich wollte es doch nur mal probieren.« Sofort mischt sich Sultan Süleyman ein: »Du hast einen Signalpfeil abgeschossen. Der soll pfeifen. Deshalb hat er in seiner Pfeilspitze ein Loch. Das war Absicht. Aber um so gut und treffsicher zu werden wie die osmanischen Bogenschützen, musst du noch ein wenig üben. Die Bogenschützen konnten in einer Minute 20 Pfeile abschießen und haben ihr Ziel mit so einem Reflexbogen sogar noch in großer Entfernung getroffen.« Während einige andere Gäste den Reflexbogen ebenfalls ausprobieren, fällt Angelus eine Vitrine auf, in der eine lebensgroße Pferdefigur steht, die einen ähnlichen Schutz trägt wie die Pferde im Riesensaal. Doch irgendetwas ist anders. Deshalb fragt er Kurfürst August. Er kennt sich in der Rüstkammer schließlich sehr gut aus. »Dieser Harnisch besteht aus vielen kleinen Platten und nicht aus riesengroßen. Dann kann sich das Pferd bestimmt besser bewegen und der Harnisch ist auch nicht so schwer für das Pferd«, überlegt Uriel laut. Kurfürst August legt ihm zustimmend die Hand auf die Schulter und sagt: »Das hast du dir sehr gut überlegt. Aber nun komm mit in den großen Saal. Dort wird gleich der Imbiss eröffnet.«

»Imbiss? Habe ich gerade Imbiss gehört?«, mischt sich Uriel ein, »ich habe schon großen Hunger.« Sie gehen gemeinsam zurück in den großen Saal, wo sich August der Starke, Sultan Süleyman und alle anderen Gäste bereits um einen riesigen Kochkessel versammelt haben. Dort gibt der Mundkoch von August dem Starken in kleinen Schüsseln eine leckere Suppe aus. Das Rezept hat er sich natürlich aus dem Osmanischen Reich mitbringen lassen. Es schlürft und schmatzt von allen Seiten und scheint allen sehr gut zu schmecken. Der Koch lächelt zufrieden.

Die Musiker der Janitscharenkapelle spielen ein Lied nach dem anderen. Nun hält es wirklich niemanden mehr auf der Bank. Alle treffen sich unter dem beeindruckenden Dreimastzelt und tanzen ausgelassen zur Musik. Durch die wunderbaren orientalischen Kostüme der Gäste und die Anwesenheit eines echten Sultans aus dem damaligen Osmanischen Reich fühlen sich die beiden Engel wie im Orient. Die Stimmung ist ausgelassen und alle genießen den Abend.

Spät in der Nacht kommen die Engel schließlich in ihr Gemälde zurück. Draußen wird es schon hell und bald öffnet die Gemäldegalerie für die ersten Besucher. »Puh, das war knapp!«, hechelt Uriel völlig aus der Puste. Doch Angelus hört ihn schon gar nicht mehr. Er ist vor Müdigkeit sofort eingeschlafen und träumt von den wunderbaren Erlebnissen des türkischen Festes.

Lexikon

Kurfürst August

Kurfürst von Sachsen von 1553 bis 1586

August der Starke

Friedrich August I. von Sachsen, genannt August der Starke, Kurfürst von Sachsen und von 1697 bis 1733 König von Polen

Sultan Süleyman

regierte von 1520 bis 1566 als der zehnte Sultan des Osmanischen Reiches und gilt als einer der bedeutendsten Osmanenherrscher

Osmanisches Reich

Bezeichnung für das Reich der Dynastie der Osmanen von ca. 1299 bis 1923

Harnisch
die den Körper eines Ritters bedeckende Rüstung

Rennhut
spätmittelalterlicher Turnierhelm, besitzt kein Visier, sondern nur einen schmalen Sehschlitz

Erik XIV.
von 1560 bis 1568 König von Schweden

Englische Treppe
ein Haupttreppenhaus im Dresdner Residenzschloss, bereits 1692 als Große Treppe errichtet, 1693 in Englische Treppe umbenannt

Haremsdamen
Frauen, die in einem Harem leben; Harem ist der Teil des Palastes eines Sultans, in dem seine Frauen wohnen

Schabracke

Decke für Pferderücken

Istanbul

bevölkerungsreichste Stadt der Türkei, Zentrum für Kultur, Handel, Finanzen und Medien

Säbel

leichte Hieb- und Stichwaffe, gekrümmt und nur einseitig geschliffen

Pallasch

Hieb- und Stichwaffe mit gerader, einschneidiger, schwerer Klinge

Dank

Sehr herzlich möchte ich den Kollegen der Rüstkammer der Staatlichen Kunstsammlungen Dresden, besonders Herrn Prof. Dr. Dirk Syndram und Herrn Holger Schuckelt, für die vielen Anregungen und die sehr hilfreiche Unterstützung danken.
Darüber hinaus möchte ich mich bei Frau Claudia Schmidt, Frau Constanze Sturm, Frau Karina Peschel, Frau Grit Lauterbach und Frau Annabell Rink von der Abteilung Bildung und Vermittlung für den fachlichen Beistand bedanken. Besonderer und sehr persönlicher Dank geht ebenfalls an Frau Julia Georgi und meinen Sohn Julian für die kreativen Inspirationen.

Bildnachweis

Illustrationen: Michael Kaden

Bildnachweis:
Fotos: Michael Kaden
S. 5: Louis de Silvestre »König August II. von Polen zu Pferde«, um 1718, Staatliche Kunstsammlungen Dresden, Gemäldegalerie Alte Meister
S. 32: August Richter »Empfang Maria Josephas an der Elbe 1719«, 1720, Staatliche Kunstsammlungen Dresden, Kupferstich-Kabinett
S. 33: Johann Alexander Thiele »Das Zeithainer Lager«, 1731, Staatliche Kunstsammlungen Dresden, Gemäldegalerie Alte Meister

Impressum

1. Auflage 2014

Herausgeber: Staatliche Kunstsammlungen Dresden, Bildung und Vermittlung

Text und Idee: Ramona Nietzold
Lektorat: Julia Georgi
Illustrationen und Layoutentwurf: Michael Kaden

Gestaltung: Simone Antonia Deutsch, Sandstein Verlag
Satz und Reprografie: Sandstein Verlag
Druck und Verarbeitung: Grafisches Centrum Cuno GmbH & Co. KG

ISBN 978-3-95498-128-1 · www.sandstein-verlag.de

Malen und Gestalten

mit Angelus und Uriel

Die Blumenranken wurden im Reich des Sultan Süleyman »Rumi« genannt. In Europa waren sie als »Arabesken Dessin« oder einfach als »Arabeske« bekannt.

Den Künstlern der osmanischen Herrscher war aus religiösen Gründen die Darstellung von Menschen und Tieren nicht erlaubt. Gerade deshalb entwickelte sich ein großer Reichtum an Formen und Mustern, über die wir noch heute staunen.

Man findet diese Muster nicht nur auf Teppichen, Bildern oder verzierten Gegenständen, sondern auch in der Architektur und der Schriftkunst, die Kalligraphie genannt wird. Die Kuppeln von Moscheen sind oft mit reich verzierten Kacheln bedeckt, die den Teppichknüpfern als Vorlage für ihre Muster dienten.

Auf den freigelassenen Flächen des Ausmalbogens könnt ihr euch selbst als Musterdesigner versuchen. Geht doch beim nächsten Besuch in der Türckischen Cammer einmal unter eins der Zelte und studiert die üppigen Muster, mit denen die Zeltbahnen bestickt sind. Vielleicht könnt ihr dabei die Stellen finden, die als Vorbild für die Gestaltung in diesem Buch gedient haben?

Schneide die Figuren und die farbigen Flächen aus. Falte die Klebelasche an den Figuren nach hinten und klebe sie auf die farbige Fläche.
Wenn du das Spielfeld auf der nächsten Seite auf eine feste Pappe aufklebst, haben die Figuren einen besseren Stand – fertig ist das Spiel!

Einen Würfel musst du dir selbst besorgen, der hat nicht mit ins Heft gepasst.

Die Spielregeln sind bekannt?

Gestartet wird auf den vier Feldern außen. Gewürfelt wird reihum. Wer eine 6 würfelt, darf setzen und noch einmal würfeln.
Es gewinnt der Spieler, der zuerst alle vier Figuren auf den bunten Feldern innen untergebracht hat. Wer auf ein besetztes Feld kommt, wirft diese Figur raus und sie muß an den Anfang zurück. Und wenn du selbst rausfliegst? Mensch, …!

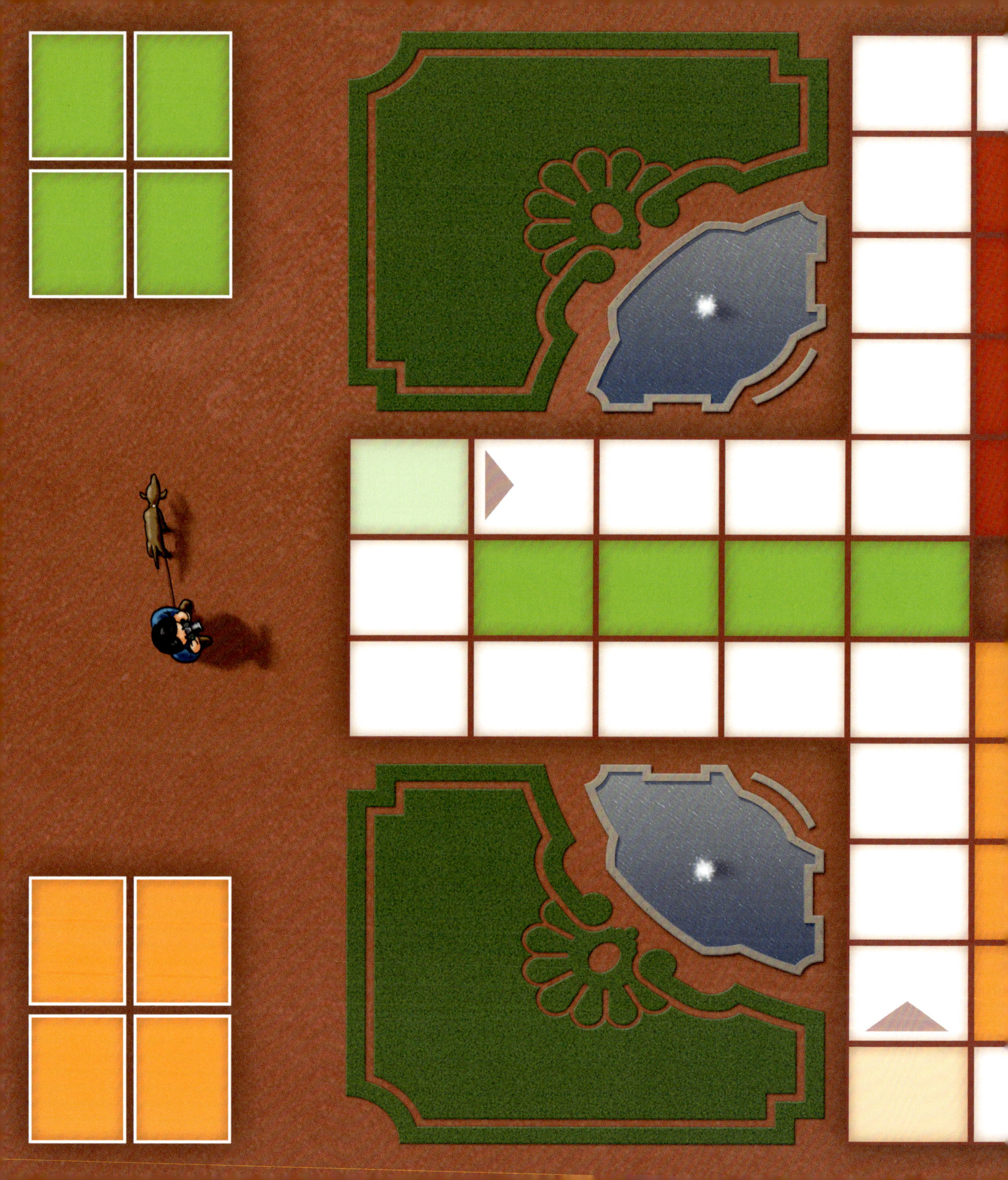

①

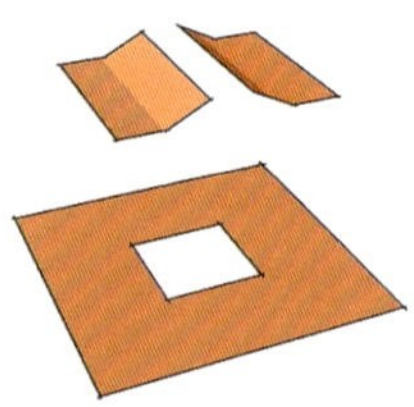

②

③

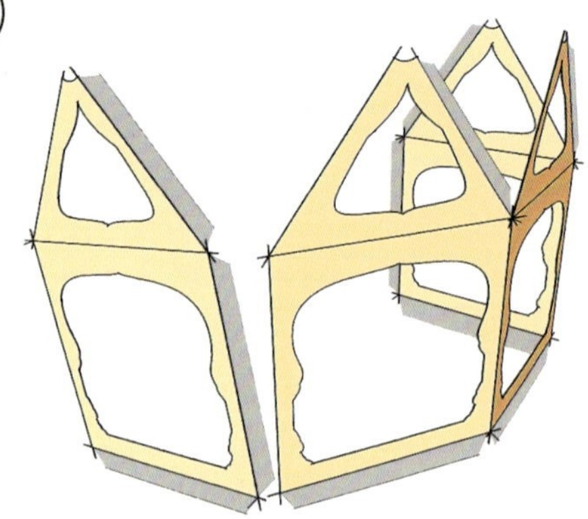

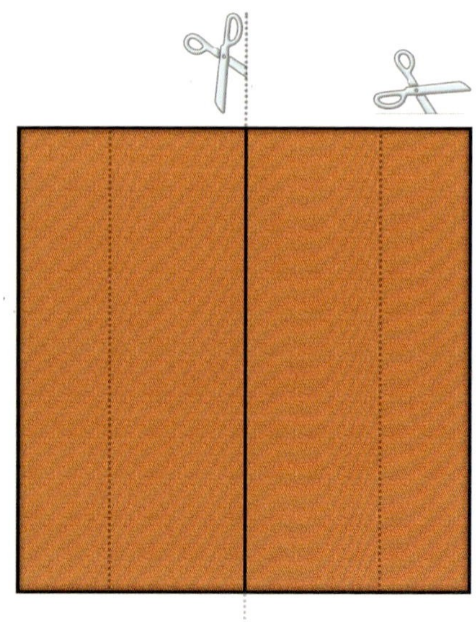

④

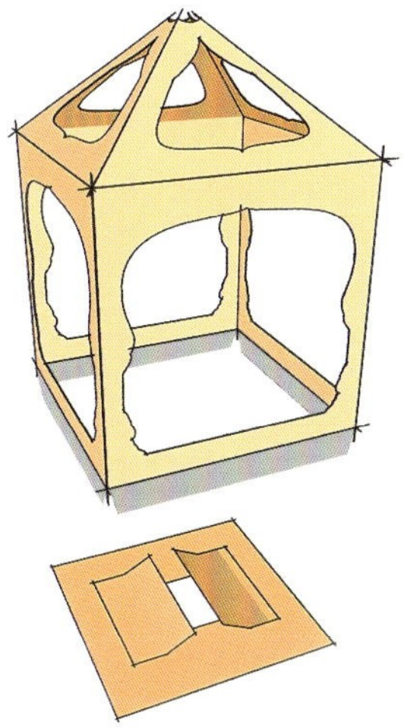

⑤

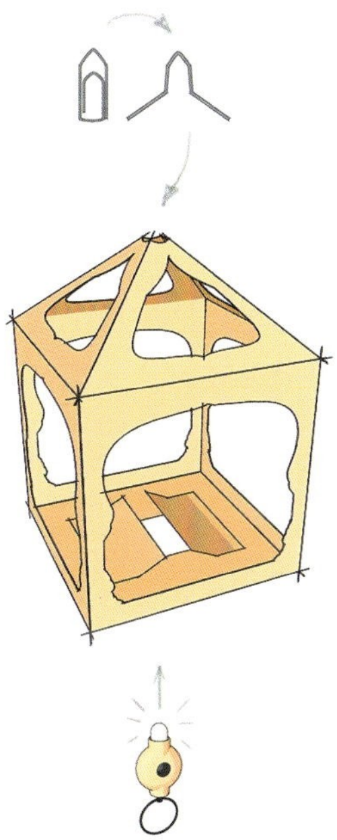

Im Reich des Sultan Süleyman war das Schattentheater, Karagöz genannt, sehr beliebt. Der Name bedeutet auf türkisch »Schwarzauge«.

Dabei werden hinter einem durchscheinenden Tuch im Gegenlicht mit flachen, mit Mustern durchbrochenen Figuren, Geschichten gespielt. Das Licht der Lampe hinter den Spielern wirft den Schatten der Figuren auf das Tuch und die Zuschauer können fast wie auf einer Kinoleinwand die Geschichte verfolgen.

Besonders beliebt bei diesen Geschichten war der Karagöz, ein lebensfroher, einfacher, aber schlauer Mann aus dem Volk. Aus Geldmangel musste er häufig Aufgaben übernehmen, denen er nicht gewachsen war. Sein höflicher und kluger Nachbar ist Hacivat. Neben diesen beiden Figuren treten im Karagöztheater weitere typische Figuren auf, die aus allen Bereichen des Lebens kommen. Je gegensätzlicher die dargestellten Charaktere der Figuren sind, desto komischer wird das Schattenspiel und die Geschichten, die diese Figuren erleben.

Bauanleitung für die Laterne

Ihr müsst zuerst die Seite mit der Laternenwand viermal farbig kopieren (am besten gleich das ganze Heft, denn dann könnt ihr nach Herzenslust alles ausschneiden).

1. Zuerst wird der Boden ausgeschnitten. Durch die Öffnung in der Mitte wird später eine kleine Lampe gesteckt. Die beiden Deckel werden als Klappe über die Öffnung geklebt, damit die Lampe nicht herausfallen kann.
2. Die Seiten der Laterne könnt ihr von innen mit Transparentpapier bekleben. Dahinter kommen die vier Karagözfiguren auf dieser Seite. Besonders schön sieht es aus, wenn ihr die Figuren auf eine durchsichtige Folie kopiert. Ihr könnt das Transparentpapier natürlich auch mit anderen Bildern gestalten oder bemalen.
3. Jetzt werden die vier Seitenteile an den Klebelaschen zusammengeklebt.
4. Anschließend wird der Deckel geschlossen und die Laterne auf den vorbereiteten Boden aufgeklebt.
5. Aus einer Büroklammer macht ihr eine Öse zum Aufhängen, die von unten durch das Loch im Dach der Laterne gefädelt wird. Jetzt braucht ihr nur noch eine kleine LED-Lampe, wie man sie manchmal als Schlüsselanhänger bekommt, und fertig ist die Karagöz-Laterne. (Bitte benutzt keine Kerzen zum Beleuchten der Laterne!)

Wenn ihr selbst ein Schattentheater aufführen wollt, könnt ihr die Laternenwände auch als Bühne aufstellen und im Gegenlicht einer stärkeren Lampe mit unseren oder selbst gestalteten Figuren eigene Geschichten erzählen.

Ramona Nietzold · Michael Kaden
Sandstein Verlag, Dresden